Cornelia Haas · Ulrich Renz

Mein allerschönster Traum

Min allra vackraste dröm

Zweisprachiges Kinderbuch

mit Hörbuch und Video online

Übersetzung:

Narona Thordsen (Schwedisch)

Hörbuch und Video:

www.sefa-bilingual.com/bonus

Kostenloser Zugang mit dem Kennwort:

Deutsch: **BDDE1314**

Schwedisch: **BDSV2831**

Lulu kann nicht einschlafen.
Alle anderen träumen schon –
der Haifisch, der Elefant, die
kleine Maus, der Drache, das
Känguru, der Ritter, der Affe,
der Pilot. Und der Babylöwe.
Auch dem Bären fallen schon
fast die Augen zu ...

Du Bär, nimmst du mich mit in
deinen Traum?

Lulu kan inte somna. Alla andra
drömmer redan – hajen,
elefanten, den lilla musen,
draken, kängurun, riddaren,
apan, piloten. Och lejonungen.
Även björnen kan nästan inte
hålla ögonen öppna ... Du
björn, kan du ta med mig in i
din dröm?

Und schon ist Lulu im Bären-Traumland. Der Bär fängt Fische im Tagayumi
See. Und Lulu wundert sich, wer wohl da oben in den Bäumen wohnt?
Als der Traum zu Ende ist, will Lulu noch mehr erleben. Komm mit, wir
besuchen den Haifisch! Was der wohl träumt?

Och med det så finner sig Lulu i björnarnas drömland. Björnen fångar fisk i Tagayumisjön. Och Lulu undrar, vem skulle kunna bo där uppe i träden? När drömmen är slut vill Lulu uppleva ännu mer. Följ med, vi hälsar på hajen! Vad kan han drömma om?

Der Haifisch spielt Fangen mit den Fischen. Endlich hat er Freunde! Keiner hat Angst vor seinen spitzen Zähnen.

Als der Traum zu Ende ist, will Lulu noch mehr erleben. Kommt mit, wir besuchen den Elefanten! Was der wohl träumt?

Hajen leker tafatt med fiskarna. Äntligen har han vänner! Ingen är rädd för hans spetsiga tänder.

När drömmen är slut vill Lulu uppleva ännu mer. Följ med, vi hälsar på elefanten! Vad kan han drömma om?

Der Elefant ist so leicht wie eine Feder und kann fliegen! Gleich landet er auf der Himmelswiese.

Als der Traum zu Ende ist, will Lulu noch mehr erleben. Kommt mit, wir besuchen die kleine Maus! Was die wohl träumt?

Elefanten är lika lätt som en fjäder och kan flyga! Snart landar han på den himmelska ängen.

När drömmen är slut vill Lulu uppleva ännu mer. Följ med, vi hälsar på den lilla musen! Vad kan hon drömma om?

Die kleine Maus schaut sich den Rummel an. Am besten gefällt ihr die Achterbahn.

Als der Traum zu Ende ist, will Lulu noch mehr erleben. Kommt mit, wir besuchen den Drachen! Was der wohl träumt?

Den lilla musen är på ett tivoli. Mest gillar hon berg- och dalbanan.

När drömmen är slut vill Lulu uppleva ännu mer. Följ med, vi hälsar på

draken. Vad kan hon drömma om?

Der Drache hat Durst vom Feuerspucken. Am liebsten will er den ganzen Limonadensee austrinken.

Als der Traum zu Ende ist, will Lulu noch mehr erleben. Kommt mit, wir besuchen das Känguru! Was das wohl träumt?

Draken är törstig av att ha sprutat eld. Hon skulle vilja dricka upp hela
sockerdrickasjön.

När drömmen är slut vill Lulu uppleva ännu mer. Följ med, vi hälsar på
kängurun! Vad kan hon drömma om?

Das Känguru hüpft durch die Süßigkeitenfabrik und stopft sich den Beutel voll. Noch mehr von den blauen Bonbons! Und mehr Lollis! Und Schokolade!

Als der Traum zu Ende ist, will Lulu noch mehr erleben. Kommt mit, wir besuchen den Ritter! Was der wohl träumt?

Kängurun hoppar genom godisfabriken och stoppar sin pung full. Ännu
fler av de blåa karamellerna! Och ännu fler klubbor! Och choklad!
När drömmen är slut vill Lulu uppleva ännu mer. Följ med, vi hälsar på
riddaren. Vad kan han drömma om?

Der Ritter macht eine Tortenschlacht mit seiner Traumprinzessin. Oh! Die Sahnetorte geht daneben!

Als der Traum zu Ende ist, will Lulu noch mehr erleben. Kommt mit, wir besuchen den Affen! Was der wohl träumt?

Riddaren har tårtkrig med sin drömprinsessa. Oj! Gräddtårtan missar!
När drömmen är slut vill Lulu uppleva ännu mer. Följ med, vi hälsar på
apan! Vad kan han drömma om?

Endlich hat es einmal geschneit im Affenland! Die ganze Affenbande ist aus dem Häuschen und macht Affentheater.

Als der Traum zu Ende ist, will Lulu noch mehr erleben. Kommt mit, wir besuchen den Piloten! In welchem Traum der wohl gelandet ist?

Äntligen har det snöat i aplandet! Hela apgänget är helt uppspelta och gör rackartyg.

När drömmen är slut vill Lulu uppleva ännu mer. Följ med, vi hälsar på piloten! I vilken dröm kan han ha landat i?

Der Pilot fliegt und fliegt. Bis ans Ende der Welt und noch weiter bis zu den Sternen. Das hat noch kein anderer Pilot geschafft.

Als der Traum zu Ende ist, sind alle schon sehr müde und wollen nicht mehr so viel erleben. Aber den Babylöwen wollen sie noch besuchen. Was der wohl träumt?

Piloten flyger och flyger. Ända till världens ände och ännu längre, ända till stjärnorna. Ingen pilot har någonsin klarat av detta tidigare.

När drömmen är slut så är alla väldigt trötta och känner inte för att uppleva mycket mer. Men lejonungen vill de fortfarande hälsa på. Vad kan hon drömma om?

Der Babylöwe hat Heimweh und will zurück ins warme, kuschelige Bett.
Und die anderen auch.

Und da beginnt ...

Lejonungen har hemlängtan och vill tillbaka till sin varma mysiga säng.

Och de andra med.

Och där börjar ...

... Lulus

allerschönster Traum.

... Lulus

allra vackraste dröm.

Die Autoren

Cornelia Haas, geboren 1972, machte zunächst eine Ausbildung zur Schilder- und Lichtreklameherstellerin. Danach hängte sie Schilder und Beruf an den Nagel und studierte Grafik-Design in Münster. Inzwischen illustriert sie mit großem Vergnügen Kinder- und Jugendbücher für verschiedene Verlage. Seit 2018 ist sie Professorin für Illustration an der Fachhochschule Münster.

Foto: Ingrid Hagenreich

Ulrich Renz wurde 1960 in Stuttgart (Deutschland) geboren. Er studierte französische Literatur in Paris und Medizin in Lübeck, danach arbeitete er als Leiter eines wissenschaftlichen Verlags. Heute ist Renz freier Autor, neben Sachbüchern schreibt er Kinder- und Jugendbücher.

Lulu empfiehlt außerdem...

Schlaf gut, kleiner Wolf

Lesealter: ab 2 Jahren

mit Hörbuch und Video online

Tim kann nicht einschlafen. Sein kleiner Wolf ist weg! Hat er ihn vielleicht draußen vergessen?
Ganz allein macht er sich auf in die Nacht – und bekommt unerwartet Gesellschaft...

In Ihren Sprachen verfügbar?

► Schauen Sie in unserem „Sprachen-Zauberhut" nach:

www.sefa-bilingual.com/languages

Ulrich Renz · Marc Robitzky

Die wilden Schwäne
De vilda svanarna

Nach einem Märchen von

Hans Christian Andersen

+ audio   + video

Deutsch   bilingual   **Schwedisch**

Die wilden Schwäne

Nach einem Märchen von
Hans Christian Andersen

Lesealter: ab 4-5 Jahren

„Die wilden Schwäne" von Hans Christian Andersen ist nicht umsonst eines der weltweit meistgelesenen Märchen. In zeitloser Form thematisiert es den Stoff, aus dem unsere menschlichen Dramen sind: Furcht, Tapferkeit, Liebe, Verrat, Trennung und Wiederfinden.

In Ihren Sprachen verfügbar?

▶ Schauen Sie in unserem „Sprachen-Zauberhut" nach:

www.sefa-bilingual.com/languages

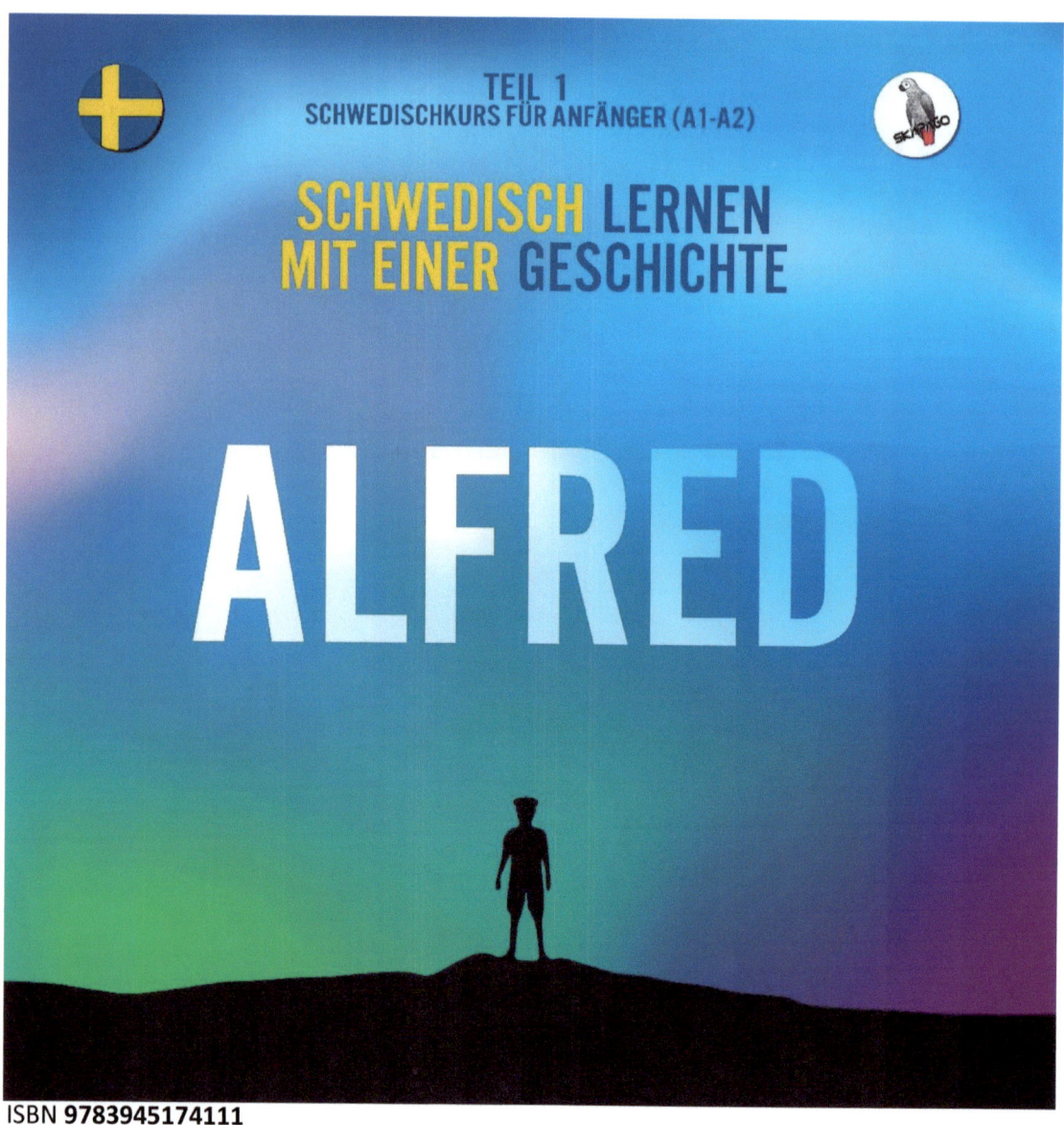

ISBN **9783945174111**

Schwedisch lernen mit Spaß

**Möchten Sie gerne systematisch Schwedisch lernen
mit einer spannenden Geschichte?**

Dann werfen Sie doch einen Blick auf „Alfred" von Skapago Publishing. Hier lernen Sie Schwedisch mit einer zusammenhängenden Erzählung, die ganz leicht anfängt und immer komplexer wird. Sie möchten wissen, wie die Geschichte ausgeht? Tja, dann müssen Sie wohl Schwedisch lernen!

Mehr Informationen und eine kostenlose Leseprobe finden Sie auf

www.skapago.eu

Malst du gerne?

Hier findest du noch mehr Bilder der Geschichte zum Ausmalen:

www.sefa-bilingual.com/coloring

© 2024 by Sefa Verlag Kirsten Bödeker, Lübeck, Germany

www.sefa-verlag.de

Special thanks to Paul Bödeker, Freiburg, Germany

Font: Noto Sans

ISBN: 9783739960234